Alexandra
Reinwarth

Dieses Buch macht dich glücklich

Alexandra Reinwarth

Dieses Buch macht dich glücklich

Zum Eintragen, Ausfüllen und Selbermachen

riva

Bibliografische Information der Deutschen Nationalbibliothek
Die Deutsche Nationalbibliothek verzeichnet diese Publikation in der Deutschen Nationalbibliografie; detaillierte bibliografische Daten sind im Internet über http://d-nb.de abrufbar.

Für Fragen und Anregungen:
info@rivaverlag.de

1. Auflage 2015

Nymphenburger Straße 86
D-80636 München
Tel.: 089 651285-0
Fax: 089 652096

Umschlaggestaltung und -abbildung: Maria Wittek, München
Bilder Innenteil: Maria Wittek, iStockphoto, Shutterstock
Satz: Daniel Förster, Belgern
Druck: GGP Media GmbH, Pößneck
Printed in Germany

ISBN Print: 978-3-86883-713-1

Einleitung

Dies ist kein Glücksratgeber. Ratgeber bringen überhaupt nichts, glauben Sie mir, ich habe viele davon. Wenn es nach meinem Bücherregal ginge, wäre ich schon längst schlank im Schlaf geworden, ich wäre die perfekte Liebhaberin und ich würde mich nicht sorgen, sondern leben. Weil dem aber nicht so ist, habe ich vor einiger Zeit ein *Glücksprojekt* gemacht[1], während dem ich die gängigen (und auch die nicht so gängigen) Empfehlungen befolgt habe, die einen glücklicher machen (sollen). Das war toll: Einige Dinge, die ich probiert habe, haben wirklich funktioniert (andere gar nicht) und ich wurde tatsächlich insgesamt viel glücklicher. Das ist zwar bombig, aber eben vor allem für mich.

Es wäre schön, wenn Sie auch viel glücklicher werden würden – und in diesem Fall sogar vor allem für Sie. An sich ist das keine allzu schwere Sache. Mit dem Glück verhält es sich nämlich so, dass einige simple Tricks sehr schnell sehr viel glücklicher machen – es sei denn natürlich, Sie haben Depressionen oder das Schicksal hat Sie anderweitig extrem gebeutelt. Für alle anderen, die ihre Gesamtstimmung etwas heben wollen, ist das durchaus machbar. Wissenschaftler haben herausgefunden, wie das geht. Das einzige Problem ist: Wissenschaftler haben auch schon seit geraumer Zeit herausgefunden, wie man zum Beispiel die Traumfigur erreicht, und zwar durch Bewegung und die richtige Ernährung – und dann sitzt man doch wieder mit der Pizza auf dem Sofa. Da sind wir schon bei dem ganz großen Haken, der verhindert, dass wir alle frohlocken und aussehen wie dieses Pärchen aus der Lätta-Werbung: Man muss etwas *tun* – außer schlaue Bücher zu lesen. *Tun* ist allerdings ein grässliches Wort, es impliziert Arbeit, Schweiß und Überwindung und damit wollen wir nichts zu tun haben, pfui Teufel.

1 Reinwarth, Alexandra: *Das Glücksprojekt*, mvg 2010.

Ich habe nun in diesem Büchlein für Sie die Vorarbeit geleistet und Ihnen lauter kleine Aufgaben gestellt. Einige basieren auf einigen wissenschaftlichen Erkenntnissen, andere auf meinen eigenen Beobachtungen, und sie sollen Ihnen helfen, Ihr ganz persönliches Glücksprojekt zu starten. Es geht los, wann immer Sie wollen.

Bevor wir beginnen: Duzen wir uns doch. Wo wir uns schon so nahe kommen.

10 Leute, bei denen du eher erschrecken würdest, wenn sie überraschend vorbeikommen	10 Leute, bei denen du dich freuen würdest, wenn sie überraschend vorbeikommen

→ Verbringe mehr Zeit mit diesen Leuten.

»How we spend our days is of course how we spend our lives.«

– Annie Dillard –

Worüber ich heute gelächelt habe: ____________________

Stell dir vor, du lernst dich als Kind mit 6 Jahren kennen. Streichle dir über den Rücken und mach dir Mut für das Leben, das auf dich wartet. Gib dir fünf Ratschläge. Einzige Bedingung: In keinem davon darf das Wort »nicht« vorkommen:

1. __________

2. __________

3. __________

4. __________

5. __________

Wenn jemand ein Liebeslied über dich schreiben würde, wie würde es lauten? Schreib es hier auf und jetzt – sing! Wenigstens den Refrain!

Worüber ich heute gelächelt habe: __________

Gib mir die Gelassenheit, Dinge hinzunehmen, die ich nicht ändern kann, den Mut, Dinge zu ändern, die ich ändern kann, und die Weisheit, das eine vom anderen zu unterscheiden.

Dinge, die dich nerven und die du nicht ändern kannst	Dinge, die dich nerven und die du ändern kannst

Worüber ich heute gelächelt habe: ____________________

Mach eine Anrufliste für die kommende Woche und ruf jeden Tag eine Person an, bei der es dir leid tut, dass der Kontakt abgebrochen ist. Wenn dir niemand mehr einfällt, ruf die Personen an, die sich am meisten über deinen Anruf freuen. Auch wenn es 3-mal hintereinander deine Mutter ist.

Montag: ______________________

Dienstag: ______________________

Mittwoch: ______________________

Donnerstag: ______________________

Freitag: ______________________

Samstag: ______________________

Sonntag: ______________________

Volles Glas – leeres Glas: Es ist nie voll oder leer, das Leben, jeder Tag ist immer irgendwo dazwischen – wie voll ist es gerade? (Und viel wichtiger: Was ist drin?)

____

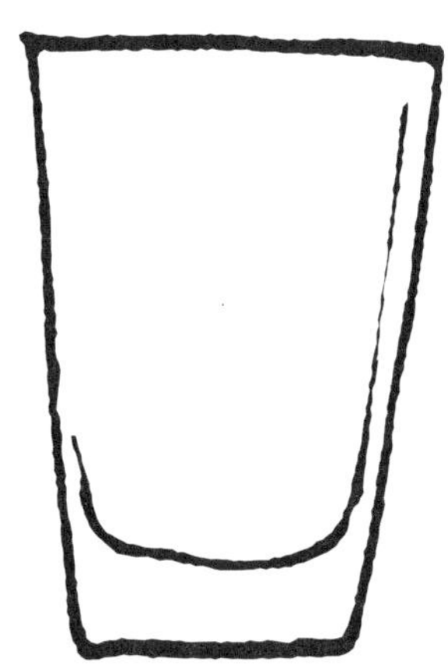

Worüber ich heute gelächelt habe: ______________________

Was dein bester Freund an dir mag	Frag nach, was dein Freund tatsächlich an dir mag und vergleiche die Antworten mit deinen Notizen.

Worüber ich heute gelächelt habe: ______________________________

Hier eine Liste von Dingen, die mir das alltägliche Leben verschönern:

Schnittblumen auf dem Tisch

bequeme Unterwäsche

ein aufgeräumter Schreibtisch

abends in ein gemachtes Bett schlüpfen

im Winter weiche Bettsocken

Musik, die man per Fernbedienung vom Bett aus anschalten kann

ein Hocker, auf den man die Füße legen kann

ein Fußschemel unter dem Schreibtisch

Strawberry-Cheesecake-Eis von Häagen-Dazs

Hier eine Liste von Dingen, die dir das alltägliche Leben verschönern könnten:

Worüber ich heute gelächelt habe: ____________________

Streich all diese schwammigen Füllwörter aus deinem Wortschatz – sie bringen nichts und schwächen ab, was du sagen willst: eigentlich, vielleicht, irgendwie, eventuell, prinzipiell, …

Formuliere die Aussagen um, ohne Füllwörter zu benutzen:

Eigentlich würde ich schon gerne mitkommen.	→	Kann ich mitkommen?
Ich wäre prinzipiell schon für italienisch essen gehen.	→	Ich will italienisch, wer noch?
Wir könnten uns vielleicht den neuen Jennifer-Aniston-Film ansehen.	→	
Irgendwie glaube ich nicht an das Projekt.	→	
Könntest du eventuell den Müll runterbringen?	→	

Was sind deine Lieblingsfüllwörter?

____

____

____

Wenn du dir bei einer Entscheidung nicht sicher bist: Wähle die Möglichkeit, die sich richtig anfühlt. Es sei denn, diese Entscheidung impliziert den Wunsch, niemand möge es herausfinden. Dann lass es.

Worüber ich heute gelächelt habe: ____________________________

Negative Voraussagen erkennen und stoppen:

Welche negative Voraussage hast du als Letztes gemacht? Und was ist wirklich passiert?	Liste fünf ebenso aus der Luft gegriffene positive Voraussagen auf:
Bestimmt kriegen wir keinen Parkplatz	Bestimmt habe ich heute im Lotto gewonnen

Worüber ich heute gelächelt habe: ______________________________

In der Regel behandeln wir Gäste besser als uns selbst – was zwar sehr freundlich, aber eben auch ziemlich bescheuert ist, weil wir schließlich für unser eigenes Wohlergehen mindestens so verantwortlich sind wie für das der anderen.

Für Gäste:
- kocht man was Gutes, holt das Silberbesteck und die hübschen Servietten raus und bestückt den Kerzenleuchter
- putzt man mal wieder, auch in den Ecken
- stellt man ein Blümchen auf den Tisch
- besorgt man den *guten Wein*
- überlegt man sich einen interessanten Ausflug
- bezieht man das Gästebett mit der schönsten Bettwäsche

Für uns:
- gibt es Tiefkühlpizza direkt aus dem Karton
- machen wir dazu den Fernseher an
- findet sich noch eine Dose Bier im Kühlschrank, die man prima auf dem Sofa sitzend trinken kann

Und zwar nicht auf die lustige Jetzt-mach-ich-es-mir-gemütlich-Art, sondern die traurige Abendessen-der-Verzweifelten-Art.

Was würdest du für einen lieben Gast tun, wenn er übers Wochenende zu Besuch käme?

- ______________________________
- ______________________________
- ______________________________

Tu das für dich. Alles.

Worüber ich heute gelächelt habe: ______________________________

Ausreichend Schlaf ist wichtig für die Seele. Eine wissenschaftliche Studie hat ergeben, dass man eine 20 Prozent höhere Chance auf einen guten Nachtschlaf hat, wenn man sein Bett morgens macht.

Gibt es gerade im Moment ein akutes, schwerwiegendes Problem? Nein? Fein. Ja? Welches ist das und wie kannst du es lösen?

Problem	Lösung

Worüber ich heute gelächelt habe: ______________________________

Welche Fotos aus deinem Album, dem Computer oder dem Handy machen dich froh? Stelle ein Froh-Album zusammen. Fotografiere Dinge im Alltag, die dich froh machen und füge sie hinzu. Male hier dein Lieblingsfoto nach oder klebe es ein.

Foto

Worüber ich heute gelächelt habe: ______________________________

Welche Musik macht dich froh? Mach eine Playlist.

Worüber ich heute gelächelt habe: ____________________

Jeden Tag eine halbe Stunde körperliche Bewegung an der frischen Luft muss sein. Gehen ist auch ok. Das setzt Beta-Endorphine frei und die vertreiben depressive Verstimmungen.

In meinem Alltag könnte ich das so einbauen:

Zu Fuß oder mit dem Rad zur Arbeit

Nicht den Aufzug nehmen

Noch mehr Körperliches: Für alle, die nicht begeistert mit Fahrrädern oder gar zu Fuß kilometerweise durch die Landschaft pflügen, für Stubenhocker und Bürostuhlhelden: Es geht auch in ganz Klein. Um den Kreislauf anzuregen, reicht eine einzige Übung, die noch dazu überhaupt nicht anstrengend ist: im Sitzen abwechselnd die Füße auf die Fersen stellen und die Zehen nach oben ziehen, im Anschluss die Füße auf die Zehen stellen und die Ferse hochziehen. Probiere das sofort aus, man merkt gleich, wie gut es tut!

Worüber ich heute gelächelt habe: ______________________

Wenn du nicht du wärst, sondern jemand anderes und dieser Jemand wäre gerade sehr bedrückt – wie würdest du ihn aufheitern?

Gibt es eine anstehende Aufgabe, vor der dir graut? Welche ist das?

Hast du eine ähnliche Aufgabe schon mal erfolgreich gemeistert?

Welche war das? ______________________

Was hat dir dabei geholfen? ______________________

Wer hat dir dabei geholfen? ______________________

Verbotene Wörter: Glück, Zufall und alle Synonyme für die beiden.

Worüber ich heute gelächelt habe: ______________________

Deine Nachteile sind spektakulär!
Suche zu jedem Nachteil (chaotisch, launisch, hässlich, ...) jeweils einen Filmstar oder eine Filmfigur heraus, die genau das verkörpert.

Nachteile	Star/Figur
Ich kann nicht gut mit Geld umgehen	Donald Duck
Manchmal bin ich etwas naiv	Spongebob Schwammkopf

Worüber ich heute gelächelt habe: ______________________

Angenommen heute wäre – leider – der letzte Tag deines Lebens.

Was hättest du gestern gerne noch gemacht?	Was hast du gestern gemacht?

Worüber ich heute gelächelt habe: ______________________________

Wofür bist du dankbar?

Blättere bei schlechter Stimmung zu dieser Seite zurück. Dankbarkeit verhindert depressive Symptome und erhöht das Wohlbefinden und die Zufriedenheit mit dem eigenen Leben.

Dinge in deiner Umgebung, für die du dankbar bist	Dinge, die dir innewohnen, für die du dankbar bist

Worüber ich heute gelächelt habe: ____________________

Aus Minus mach Plus

Liste auf, was du an dir nicht magst:		Jetzt drehe es ins Positive:
Ich bin schüchtern	=	Ich gehe wenigstens niemandem auf die Nerven
Ich bin schnell auf 180	=	Ich bin ein leidenschaftlicher Mensch
	=	
	=	
	=	
	=	
	=	

Worüber ich heute gelächelt habe: ______________________________

Die Simulation eines Gefühls kann das tatsächliche Gefühl erzeugen. Klingt komisch, ist aber wissenschaftlich erwiesen. Für ein Glücksgefühl heißt das: breit lächeln und die Augenringmuskeln in Falten legen. Das signalisiert dem Gehirn: Es gibt handfeste Gründe fürs Freuen. So oft wie möglich machen. Möglichst wenn keiner dabei ist, weil man sonst schnell als bekloppt gilt.

Klebe hier ein Foto ein, das dich zum Lächeln bringt.

Foto

Worüber ich heute gelächelt habe: ______________________________

Stell dir vor, du sitzt am Ende deines Lebens mit einer Katze auf dem Schoß im Schaukelstuhl: Welchen Ratschlag würdest du deinem heutigen Ich geben?

Ein bisschen Mathe

Wir haben circa 30.000 Gedanken am Tag.
84 – 92 % davon sind Gedanken, die wir gestern auch schon hatten, und
82 – 90 % davon wiederum sind negativ.
Das ist eigentlich ganz normal: Unser Gehirn ist so gemacht, dass wir leichter negative Gedanken haben als positive. Früher war das gut fürs Überleben: Ein Gedanke wie »Ob hinter dem Busch nicht vielleicht ein gefährlicher Tiger lauert?« war besser fürs Überleben als »Oh, sieh mal, wie schön die Gladiolen blühen«. Unser Hirn hat lediglich noch nicht begriffen, dass wir die Sache mit den Tigern recht gut im Griff haben.
Glück hängt zu 50 Prozent von der genetischen Veranlagung ab, ist zu 10 Prozent von äußeren Umständen bestimmt, und sagenhafte 40 Prozent haben wir selbst in der Hand.

Worüber ich heute gelächelt habe: ____________________

Die Vorfreude bei der Urlaubsplanung erhöht das Wohlbefinden ganze zwei Monate lang. Der Urlaub selbst dagegen hat leider keinen so durchschlagenden Effekt auf das persönliche Glücksempfinden. Suche dir jetzt ein langes Wochenende in ein paar Monaten aus, das du verplanst. Suche dir jetzt ein Ziel und einen günstigen Flug aus und suche jetzt nach einer schönen Unterkunft. Buche alles. Jetzt.

Ich fliege nach (z. B. Barcelona):

Ich mache als Erstes (z. B. in einem Straßencafé in der Sonne einen Café con leche trinken):

Ich will mir dort ansehen (z. B. Sagrada familia):

Was ich alles essen und trinken werde:

Ich kaufe mir:

Wenn du gerade kein Geld hast: Mache alles bis auf »Buche alles. Jetzt.«

Worüber ich heute gelächelt habe: ____________________

Was ist dir heute Schlechtes passiert?	Was ist dir heute Schönes passiert?

In 100 Jahren bist du eh tot

Es ist vollkommen egal, was du machst, wie sehr du dich quälst, zusammenreißt, aufreibst, hetzt, es anderen recht machst, dich ärgerst, plagst, bedrängen lässt, zu bestehen versuchst, dich anstrengst und mühst.

In 100 Jahren bist du eh tot.

Da kannst du auch genauso gut glücklich sein.

Worüber ich heute gelächelt habe: ____________________________

Sei freundlich zu dir selbst

Wenn ein Kollege mit einem Schicksalsschlag zu kämpfen hat, ein Familienmitglied etwas einfach nicht hinbekommt oder die beste Freundin verlassen wird – würdest du dann neben ihnen stehen und Sachen sagen wie:

Nun stell dich doch nicht so an.

Jetzt reiß dich mal zusammen.

Du kannst eben gar nichts.

Du bist so eine Null.

Du bringst es nie zu etwas.

Das ist alles dein Fehler.

Kannst du dir vorstellen, welchen Schmerz du ihnen damit zufügen würdest? Würdest du irgendetwas davon zu einem Menschen sagen, den du liebst? Würdest du das überhaupt denken?
Natürlich nicht. Du würdest denjenigen in den Arm nehmen, Mitleid haben und ihn trösten.

Warum solltest du also irgendetwas davon zu dir selbst sagen? Oder von dir denken? Bist du es nicht wert, dass du dich mit der gleichen Liebe und Anteilnahme tröstest, wie du es bei anderen auch tun würdest? Du bist es wert. Wiederhole das. Mehrmals.

Worüber ich heute gelächelt habe: ______________________________

Die Wenn-Dann-Falle

Ich wäre glücklich, WENN ich:

Geld hätte

einen Partner / Porsche hätte

10 Kilo weniger auf den Hüften hätte

Batman wäre

Das Problem ist: Man wäre noch genauso glücklich oder unglücklich, nur eben mit Geld, mit Partner, mit weniger Speck auf den Hüften und als Batman.

Welche Wenn-Dann-Fallen gibt es in deinem Leben? Vervollständige:

Ich wäre glücklich, wenn ich:

Liste hier auf, was dich in deinem Leben tatsächlich mit Glück erfüllt:

Worüber ich heute gelächelt habe: ____________________

Betrachte die Liste mit den Dingen, die dich mit Glück erfüllen: Wie viel Zeit deines Tages verwendest du darauf?

Worüber ich heute gelächelt habe: ______________________________

Was an dir möchtest du wirklich gerne loswerden?
Schreib es auf ein Blatt Papier, falte ein Boot, such dir eine schöne Stelle am Fluss und dann – lass es ziehen.

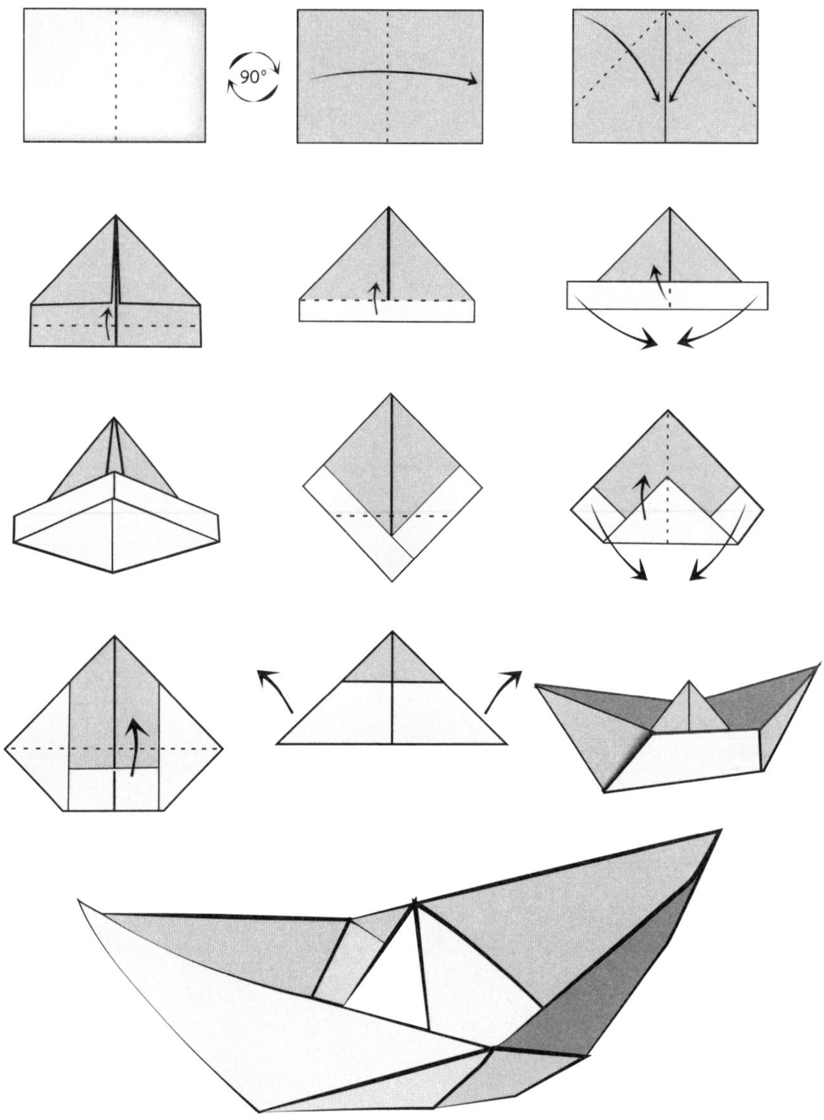

Worüber ich heute gelächelt habe: ______________________________

Begeisterung und Neugier sind 1A gegen Trägheit und Frust. Probiere öfter etwas Neues: Welches Lebensmittel hast du noch nie probiert? Austern? Hummer? Piroggen? Schreibe eines auf und probiere es innerhalb der nächsten Woche:

____

Wie war's?

____

Wie war der Geschmack?

____

War es ein gutes Gefühl, etwas Neues zu probieren?

____

Was könntest du nächste Woche probieren?

____

»Wie sollte man wohl leben, wenn man nicht fortwährend bei sich wie bei den anderen hunderterlei Krumm gerade sein ließe.«

Christian Morgenstern

Lächelst du gerade? Wie schön!

Worüber ich heute gelächelt habe: ______________________________

Die Schnellstraßen zu den Zielen in unserem Gehirn, die durch häufiges Benutzen »ausgelatscht« sind, sind schnell zu erreichen – dies können wenig wünschenswerte Stellen sein wie Ärger, Eifersucht und Depression. Durch Training kann man diese Schnellstraßen im Hirn verlegen, so dass man leichter zu positiven Gefühlen gelangt, und die Pfade in die ungewünschte Richtung lässt man dafür zuwuchern.

Welche Ziele willst du weniger ansteuern?	Welche Ziele öfter?

Glückskick für zwischendurch: Wirf jeden Tag etwas weg. Die Wohnung, die Garage, der Keller, der Arbeitsplatz – alles ist voller Krempel. Zumindest bei den meisten. Nimm jeden Tag eine Sache mit nach draußen, egal ob es sich um einen alten Schuhlöffel, das Altpapier oder eine hässliche Teetasse handelt. Am besten ist eine Kiste neben der Türe, in die man potenzielle Kandidaten befördern kann, wann immer sie einem in die Hände fallen. Beim Verlassen des Hauses nimmt man dann eine Sache mit.

Worüber ich heute gelächelt habe: ______________________________

Die Neurowissenschaftlerin Sara Lazar erforschte mit einem Team am Massachusetts General Hospital die Auswirkungen eines achtwöchigen Meditationsprogramms. Während des Programms bekamen die Teilnehmer wöchentliche Unterweisung in achtsamkeitsbasierter Meditation und Audio-Anleitungen für die Meditation zuhause. Die Teilnehmer verbrachten im Schnitt 27 Minuten täglich mit den Übungen und nach acht Wochen zeigte sich, dass sich die graue Substanz in der Gehirnregion Hippocampus, zuständig für Lernen und Erinnerung, und in Regionen, die für Selbstwahrnehmung, Mitgefühl und Selbstprüfung eine Rolle spielen, verdichtet hatte. Den Rückgang von Stress, von dem die Teilnehmer berichteten, führen die Wissenschaftler auf die vermehrte Durchblutung und stärkere Aktivität in der Hirnregion namens Amygdala zurück, die eine wichtige Rolle bei Stress und Angst spielt.
Bei einer Kontrollgruppe, die kein Meditationsprogramm durchlief, wurden keine Veränderungen beobachtet.[1]

Versuche es selbst einmal mit Meditation:

- Such dir einen ruhigen, ungestörten Platz.
- Setz dich gerade und stabil auf ein Kissen, einen Stuhl oder in den Lotussitz.
- Stell dir vor, an deinem Hinterkopf ist ein Faden befestigt, der nach oben zieht und so die Wirbelsäule sanft aufrichtet.
- Schließ die Augen.
- Versuche die Aufmerksamkeit auf den eigenen Atem zu richten und an gar nichts zu denken.
- Mach das jeden Tag eine Viertelstunde.[2]

---

1 McGreevey, Sue: Eight weeks to a better brain, in: *Harvard Gazette,* January 21, 2011 http://news.harvard.edu/gazette/story/2011/01/eight-weeks-to-a-better-brain/
2 Backe, Dr. Prof. med. Jael: *Sei dein eigener Arzt,* mvg Verlag 2014

Wo lauern Glücksmomente? Überall! Nimm mit allen Sinnen und bewusst deine Umgebung wahr – Selbstverständliches kann so zu einer wahren Glücksquelle werden. Frag dich regelmäßig: »Was gibt es jetzt in diesem Moment, worüber ich mich freuen kann?«

Worüber ich mich heute freuen konnte:

Erinnere dich jeden Abend an die drei längsten sozialen Kontakte des Tages. Wer das tut, fühlt sich innerhalb von 8 Wochen sozial besser anerkannt. Gleichzeitig steigert sich der Tonus des Vagusnervs, der für unsere Gesundheit stabilisierend, beruhigend und lebensverlängernd wirkt.

Die drei längsten sozialen Kontakte des Tages waren heute:

1. ___

2. ___

3. ___

Worüber ich heute gelächelt habe: ___

Male dein Wappen auf dieses Schild. Es dient zur Abwehr von allem Unbill, das die Welt zu bieten hat. Dein Wappen sollte also deine Stärken symbolisieren. Tiere, Wahlsprüche, Farben, Symbole – schöpfe aus dem Vollen:

Worüber ich heute gelächelt habe: ______________________________

Gibt es eine Verwundung, die du mit dir herumträgst?

Würdest du gerne jemandem davon erzählen? Wem?

Versuche, zu vergeben

Wer fällt dir als Erstes ein, dem du vergeben solltest?

Liebe(r) ______________________,

ich vergebe dir, dass du

Worüber ich heute gelächelt habe: ______________________

Hör auf die Signale deines Körpers. Bevor er zu drastischeren Mitteln greift, macht er leise auf sich aufmerksam – und du solltest auf ihn hören:

- Iss, wenn du hungrig bist.
- Geh zur Toilette, wenn es an der Zeit ist.
- Schlafe, wenn du müde bist.

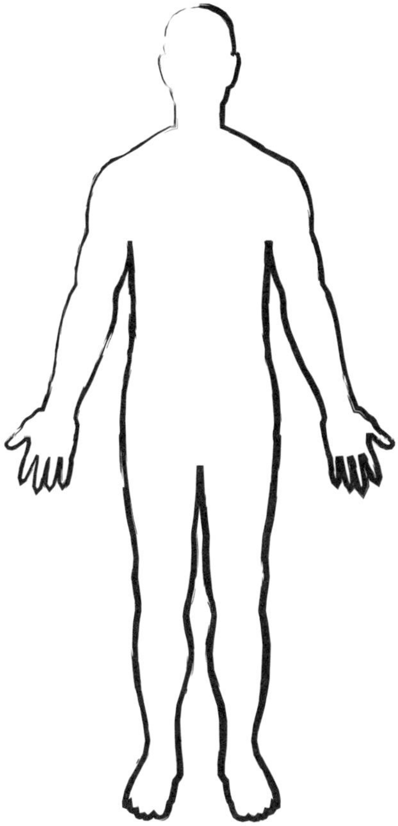

Fühl mal: Wie geht es deinem Körper gerade? Ist da eine Verspannung im Nacken? Eine Enge in der Brust? Oder ist deine Sitzhaltung unbequem? Markiere alle Stellen deines Körpers, die du auffällig spürst. Mach das so oft wie möglich.

Worüber ich heute gelächelt habe: ____________________________________

Wenn es nicht nötig wäre, Geld zu verdienen, weil du und alle deine Nachkommen ausgesorgt hätten bis ans Ende ihrer Tage:

Was würdest du dann tun?

Womit würdest du dich beschäftigen?

Was würdest du gerne lernen?

Worüber würdest du gerne mehr erfahren?

Wann und wie könntest du das in dein jetziges Leben integrieren?

Worüber ich heute gelächelt habe: ______

Deine Stärke, dein Wappen, dein ganz großes Plus: Was ist deine größte Stärke?

Könntest du deine Arbeit so umgestalten, dass deine Stärke dort mehr zum Einsatz kommt? Wie könntest du sie im Privaten häufiger nutzen?

beruflich	privat

»Wenn sich eine Tür schließt, öffnet sich eine andere. Manchmal starren wir nur so lange bedauernd auf die geschlossene Tür, dass wir gar nicht bemerken, dass sich eine andere für uns geöffnet hat.«

Alexander Graham Bell

Worüber ich heute gelächelt habe: ____________________

Sowas wie mich gibt's nicht nochmal,	Sowas wie dich gibt's nicht nochmal,
weil niemand so schlecht Witze erzählt	
weil niemand so gute Bolognese macht	
weil mir dieser Pulli so gut steht, der das Bäuchlein wegmogelt	
weil ich diese großartige Oma habe	
weil niemand mit so lustigem Akzent französisch spricht wie ich	
weil mich im Schafkopfen niemand schlägt	
weil niemand so ausflippt, wenn er Elvis hört	
weil ich einzigartig bin	

Worüber ich heute gelächelt habe: ______________________________

Richte deine Sinne auf die Wahrnehmung schöner Dinge aus.

Dinge, die gut schmecken

- ____________________
- ____________________
- ____________________

Dinge, die sich gut anhören

- ____________________
- ____________________
- ____________________

Dinge, die gut riechen

- ____________________
- ____________________
- ____________________

Dinge, die sich gut anfühlen

- ____________________
- ____________________
- ____________________

Worüber ich heute gelächelt habe: ____________________

Wenn du deine Alltagssorgen mal wieder in die richtige Relation rücken musst:

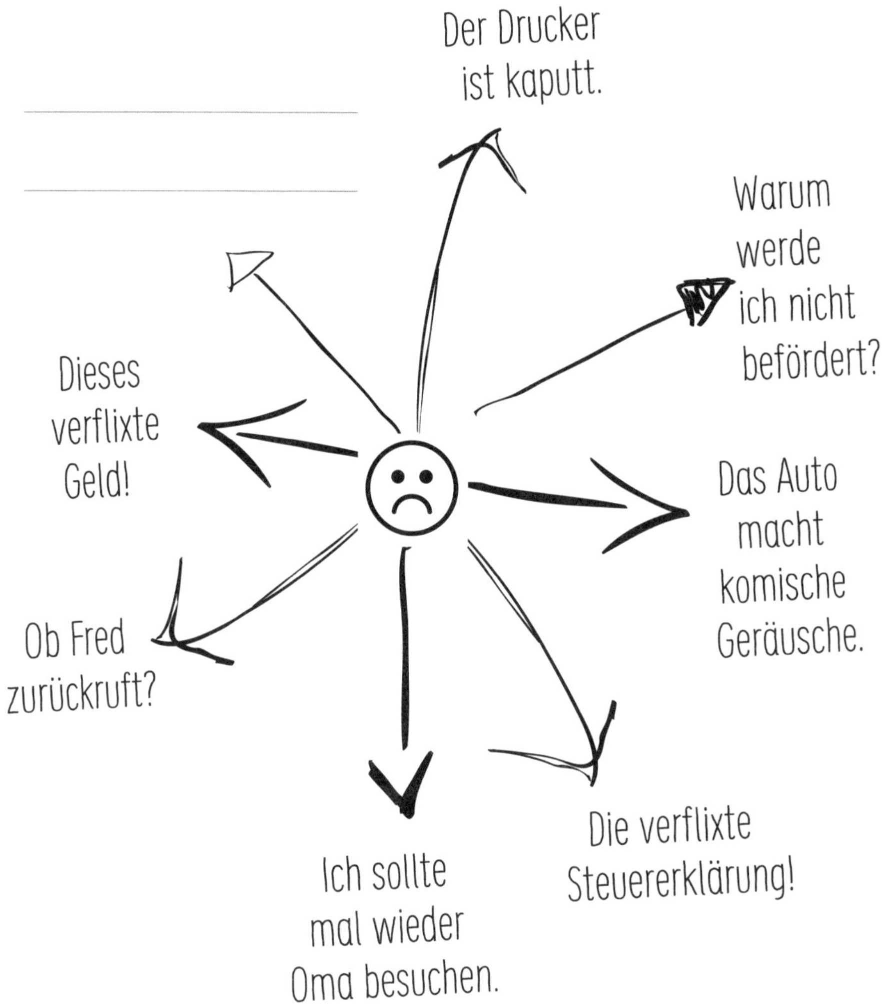

Worüber ich heute gelächelt habe: ______________________________

Zeichne ein, wie wenig Platz diese Sorgen in deinem Leben einnehmen:

Worüber ich heute gelächelt habe: ____________________________

Vor welcher Erledigung graut dir?

____

____

____

____

Wie lange schiebst du sie schon vor dir her?	____ Tage	+ ____ -mal	Wie oft hast du (geschätzt) schon daran gedacht?
Addiere diese Zahlen	____________		
Ergebnis der Addition	____	× ____	Auf einer Skala von 1 bis 10, wie groß ist dein schlechtes Gewissen?
Multipliziere diese Zahlen	=		____________
Realistisch betrachtet: Wie lange würde es dauern, den Mist endlich zu erledigen?	?		____________

Worüber ich heute gelächelt habe: ________________________

Geh auf ein Konzert, auf das du sonst eigentlich nicht gehen würdest. Heavy Metal, Volksmusik, je nachdem. Nimm nicht deinen besten Freund mit, um dich lustig zu machen.

Abgesehen von der Musik – wie war's?

Wie viel Spaß hattest du?

0 (gar keinen) ———————— 10 (unglaublich viel)

Waren die Leute nett zu dir? (Auch wenn sie vielleicht lustige Klamotten anhatten?)

Gibt es etwas, das dich überrascht hat?

Wie wär's jetzt mit einer Ausstellung, zu der du sonst nie gehen würdest?

Worüber ich heute gelächelt habe: ____________________

Gibt es eine Sorge, die immer wiederkehrt? Die dich nicht loslässt und dich nicht mehr ruhig einschlafen lässt?
Welche Sorge ist das? Schreibe sie genau auf, lasse nichts aus.

Sieh dir am nächsten Vormittag den Text nochmal an. Hast du dramatisiert? Schwarzgemalt? Wie realistisch schätzt du heute die Sorge ein? Was bleibt übrig?

Worüber ich heute gelächelt habe: ______________________

Was hat dir als Kind große Glücksgefühle beschert? Fällt dir eine Situation ein – vielleicht etwas, das du öfter gemacht hast? Die Füße ins Wasser halten und dabei Eis essen? Ponyreiten? Kränze aus Gänseblümchen flechten? Wiederhole die Situation und versuche dich dabei an das Gefühl von damals zu erinnern ...
P. S.: Falls es Ponyreiten war: Steig um auf ein Pferd.

Welche Eigenschaft hättest du gerne? Ich wäre zum Beispiel gerne mutig.

____

Wie agieren Menschen, die diese Eigenschaft besitzen? Formuliere positiv und vermeide das Wort »nicht«:

Mutige Menschen reden geradeheraus und sehen ihrem gegenüber in die Augen (statt: »Mutige Menschen schauen nicht weg, wenn sie mit jemandem reden«)

____

Worüber ich heute gelächelt habe: ______________________________

Dankesbrief

Schreibe einen Dankesbrief an eine Person in deinem Leben, die für deine persönliche Entwicklung wichtig war. Erklär ihr, welchen Einfluss sie auf dich hatte und was du Positives aus der Beziehung gelernt hast. Diese kann eine ehemalige Lehrerin, der Opa oder ein ehemaliger Nachbar sein, ganz egal.

Liebe/r ______________________________,

Danke.

Worüber ich heute gelächelt habe: ______________________________

Mach diesen Smiley glücklich:

Wenn das gut geklappt hat: Mache einen Mitmenschen glücklich.

Wenn das geklappt hat: Versuche es am lebenden Objekt.

Worüber ich heute gelächelt habe: ______________________________

Von 0 bis 10: Welche Eigenschaften treffen auf dich zu?
0 = gar nicht; 10 = extrem

10	Kreativität		Gerechtigkeit
10	Neugier		Mäßigung
	Urteilsvermögen		Teamfähigkeit
	Freude am Lernen		Fairness
10	Weitsicht		Vergebensbereitschaft
	Tapferkeit		Bescheidenheit
	Ausdauer		Besonnenheit
	Ehrlichkeit		Selbstregulation
	Tatendrang		Sinn für das Schöne
10	Liebesfähigkeit		Dankbarkeit
	Freundlichkeit	10	Hoffnung
	soziale Kompetenz		Humor

Auf welchen Gebieten hättest du gern mehr Kompetenz?

Worüber ich heute gelächelt habe: ______

Werde an einem Tag im Monat zum Touristen in deiner eigenen Stadt. Sieh dir endlich das altrömische Mauso-pontius-Dingsbums an und nimm dir einen Fremdenführer. Er wird dir Sachen erzählen, von denen du noch nie gehört hast, obwohl du täglich am Mauso-pontius-Dingsbums vorbeigehst. Iss diesen typisch bröhmischen Dampf-brummel-Kringel, der in deiner Stadt berühmt ist und wenn du auf dem Land wohnst: ab in die Großolmer Brotzenschlucht! Überall ist etwas Neues in etwas Bekanntem zu entdecken.

Sehenswürdigkeiten meiner Stadt:

Worüber ich heute gelächelt habe: ____________________

Wenn du auswandern könntest: Wo würdest du hinziehen?

Male hier auf, wie es dort aussehen würde:

Wie würdest du dich dort fühlen?

Was wäre nötig, dass du dich jetzt hier so fühlst?

Worüber ich heute gelächelt habe:

»Ich bin im Berufsleben besser organisiert als im Privatleben!« Welche Tipps würde dein Berufs-Du deinem Privat-Du in Sachen Organisation geben?

»Ich bin im Privatleben besser organisiert als im Berufsleben!« Welche Tipps würde dein Privat-Du deinem Berufs-Du in Sachen Organisation geben?

Worüber ich heute gelächelt habe: ______________________________

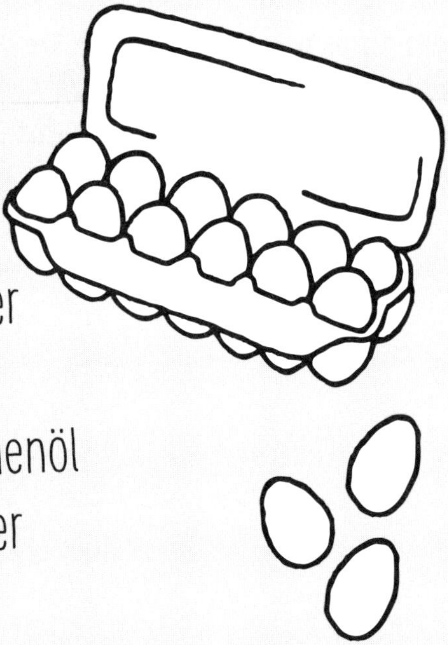

Zutaten

1 Becher Naturjoghurt
1,5 Becher Mehl
1,5 Becher Kakaopulver
1 Becher Zucker
1 Becher Sonnenblumenöl
1 Päckchen Backpulver
3 Eier
etwas Glück

Zubereitung

Vermischen, in eine gefettete Backform geben, bei 150 Grad Celsius 45–60 Minuten backen.

Worüber ich heute gelächelt habe: ______________________________

Wir sind so konstruiert, dass wir »Ja!« rufen, wenn etwas angenehm ist und uns möglichst schnell aus dem Staub machen, wenn etwas unangenehm ist. Das ist logisch und hilft beim Überleben. Oft ist unser Drang vor etwas davonzulaufen aber lediglich ein Hinweis auf einen Aspekt unseres Lebens, der Heilung bedarf.

Wovor läufst du davon?

Was vermeidest du?

In welcher Situation verhältst du dich »komisch«?

Was erträgst du nicht? Warum?

Worüber ich heute gelächelt habe: ______________________________

Es gibt einen alten Trick, bei dem man alle »Ich muss …«-Aussagen durch ein »Ich will …« ersetzen soll. Denn »Ich muss …« löst ein körperliches Empfinden von Zwang, Enge und Schwere aus. Mit »Ich will …« nimmt man eine andere Haltung ein, eine leichtere und freudvollere.
Das ist im ersten Moment ein wenig albern, denn niemand *will* zum Beispiel seine Steuererklärung machen oder zum Zahnarzt gehen. Man will höchstens ein Eis essen gehen. Es wird erst etwas einleuchtender, wenn man eine Begründung hinten dranhängt, also:

Ich will meine Steuererklärung machen,
- weil ich sie dann vom Tisch habe und morgen Eis essen gehen kann,
- weil ich dann hoffentlich etwas Geld rausbekomme,
- weil ich gerne selbständig bin.

oder: Ich will zum Zahnarzt gehen,
- weil ich keinen Bock auf Zahnschmerzen habe.

Welche »Ich muss …«-Aussagen gibt es in deinem Leben? Und welche Gründe gibt es, dass du diese Dinge erledigen willst?

Ich ~~muss~~ will:	weil …

Worüber ich heute gelächelt habe: ______________________________

Ohne Tal kein Gipfel. Alles ist leichter, wenn man das akzeptiert.

Einen lustigen Trick, um die eigene Umgebung positiv zu beeinflussen, hat Werner Tiki Küstenmacher beschrieben:[1] Segne insgeheim die Menschen, die du triffst und ruhig auch die Räume, die du betrittst. Alles Mögliche kann man (still) mit seinem Segen versehen und so eine positive, innigere Beziehung, Tiefe und eine Perspektive schaffen. Klingt komisch, fühlt sich aber tatsächlich gut an!

Um mehr Kontrolle über die eigenen Gedanken zu haben, muss man üben, im Hier und Jetzt zu leben und nicht »auf Autopilot«: Stelle den Wecker in deinem Handy täglich ein paar Mal am Tag. Wenn er klingelt, halte kurz inne: Was siehst du, was riechst du, was fühlst du? Was ist gerade schön? Erinnere dich so oft wie möglich daran, innezuhalten und den Moment zu erfassen. Es ist eine Art der Achtsamkeitsübung und hilft, Chaos im Kopf aufzuräumen.

1 Küstenmacher, Werner Tiki: *Eine Handvoll Glück,* GRÄFE und UNZER Verlag 2013

Worüber ich heute gelächelt habe: ____________________

»You'll never change your life until you change something you do daily. The secret of your success is found in your daily routine.«

John C. Maxwell

Die ersten Wörter eines Babys bezeichnen noch nichts Konkretes und laut einer Untersuchung aus dem Jahr 1979 ist mit dem Begriff »Mama« zu Beginn nicht die Person gemeint, sondern es handelt sich dabei eher um eine Bitte, einen Hilferuf. Auch das Wort »Papa« steht erst mal nicht für den Vater, sondern »für Vermutungen und Wünsche, die mit dem Vater zu tun haben«.[1] Vielleicht rührt die enorme Emotion, die allein mit diesen beiden Wörtern Mama und Papa verbunden ist, von den gesammelten Erwartungen, Enttäuschungen und Idealvorstellungen, die wir mit ihnen verbinden. Um als erwachsener Mensch den eigenen Eltern irgendwann zuzugestehen, dass auch sie nur Menschen mit Fehlern sind, und dass es schon in Ordnung ist, dass sie die auch begangen haben, hilft es, sie umzubenennen. Von Mama und Papa zu Inge und Klaus. Oder wie auch immer deine Eltern heißen.

Meine Mama heißt: ____________________

Mein Papa heißt: ____________________

1 vgl. Zimmer, Dieter E.: So kommt der Mensch zur Sprache, Heyne 2008

Worüber ich heute gelächelt habe: ____________________

Die Glückstorte

Irgendwie war heute wieder so ein Tag, an dem man nur funktioniert hat, es läuft so dahin. Das ist zwar keine große Katastrophe, aber man rennt wie in einem Hamsterrad, die Lebenszeit vergeht einfach und eine diffuse Unzufriedenheit macht sich breit. Zeit für die Torte!

Jedes Tortenstück wird so weit ausgefüllt, wie es deiner Zufriedenheit entspricht. So hast du eine genaue Übersicht darüber, welche Tortenstücke ausgefüllt sind (= hohe Zufriedenheit) und welche Tortenstücke kaum ausgemalt sind (= geringe Zufriedenheit).

Das kann ich ändern:

Arbeit: ______________________________

Liebe: ______________________________

Freunde: ______________________________

Zeit für mich: ______________________________

Finanzen: ______________________________

Gesundheit: ______________________________

Wohnung/Haus: ______________________________

Mach ein- bis zweimal im Jahr so ein Diagramm und bewahre die ausgefüllten Blätter auf, um deine Fortschritte zu beobachten.

Worüber ich heute gelächelt habe: ______________________________

Menschen mit einer höheren Aktivität des linken Gehirnareals neigen eher zu angenehmen Gefühlen, und Menschen, bei denen das rechte Gehirnareal aktiver ist, tendieren zu negativen Gefühlen. Wie bei einem Muskeltraining kann man das Gehirn trainieren, mehr die linke Seite zu benutzen: Wer häufig positive Erfahrungen macht, trainiert sozusagen. Die einfachste Übung: lustige Filme gucken!
Welche Filme bringen dich zum Lachen? *Dick und Doof? Hangover? Life of Brian?*

Filme, die dich zum Lachen bringen:

- ____
- ____
- ____
- ____
- ____
- ____
- ____
- ____
- ____
- ____

Schau sie an.

Worüber ich heute gelächelt habe: ____________________________

Womit könntest du dir heute eine Freude machen?

ein Brownie aus dem schicken neuen Backladen

eine Thai-Massage buchen

eine Viertelstunde eher mit der Arbeit aufhören

Du bist dir nicht sicher, was deine Stärken sind? Die Universität Zürich hat einen prima Test entwickelt: http://charakterstaerken.org

Worüber ich heute gelächelt habe: ____________________

Was ist der schönste Traum, an den du dich erinnern kannst?

Worüber ich heute gelächelt habe: ______________________________

Atemübungen sind eine großartige Sache, denn sie haben eine sofortige Wirkung. Hier zwei ganz simple:

1. Zur Beruhigung, zum Stressabbau und für mehr Gelassenheit:
Das rechte Nasenloch mit dem rechten Daumen verschließen, die restlichen Finger zeigen entspannt und gestreckt nach oben. Atme 26-mal lang und tief durch das linke Nasenloch. Atme etwas länger aus als ein. Das ist alles.

Situationen, in denen dir das von Nutzen sein könnte:

- ____________________
- ____________________
- ____________________
- ____________________

2. Für mehr Energie, Kraft und um wacher zu sein:
Das linke Nasenloch mit dem linken Daumen verschließen, die restlichen Finger zeigen entspannt und gestreckt nach oben. Atme 26-mal lang und tief durch das rechte Nasenloch. Atme etwas länger aus als ein. Das ist alles.

Situationen, in denen dir das von Nutzen sein könnte:

- ____________________
- ____________________
- ____________________
- ____________________

Worüber ich heute gelächelt habe: ____________________

Manchmal muss man sich eingestehen, dass man einfach nicht so ist, wie man sich das vorstellt.

Ich zum Beispiel kann beim besten Willen keine Intellektuelle sein, ich krieg's einfach nicht hin. Es hat etwas gedauert und ich musste dieses schöne Bild von mir aufgeben, das ich fest vor Augen hatte. Dafür muss ich jetzt nicht mehr versuchen, *Ulysses* zu verstehen, und wenn ein unglaublich wichtiger, kritischer französischer Stummfilm über kultursoziologische Bewegungen der 30-iger Jahre auf Arte kommt, kann ich einfach umschalten. Zu *Modern Family*. Und zwar ganz ohne schlechtes Gewissen. Und weil das so gut geklappt hat, bin ich auch gleich noch dieses Bild von mir losgeworden, auf dem ich eine Skinny Jeans trage.

Wie ich gerne wäre (also du jetzt)	... und was überhaupt keinen Sinn macht, weil ich so nicht bin

Worüber ich heute gelächelt habe: ______________________________

Als Lächel-Oase für zwischendurch: Stell im Bad eine Duftkerze, Duftöl, dein Lieblings-Rasierwasser, oder was auch immer auf, das gut riecht und dich freut. Das Bad bietet sich an, weil es ein Ort sein sollte, an dem du dich nicht ständig aufhältst, sonst gewöhnst du dich an den Geruch und nimmst ihn nicht mehr als (positive) Überraschung wahr.

Gerüche, über die ich mich freuen würde:

- ______
- ______
- ______
- ______
- ______

Vielleicht würdest du dich auch über einen Duft freuen, der dir nicht spontan einfällt? Wie wär's mit Eukalyptusöl?

Unser Körper, unser Zuhause und unsere Kinder sind uns nur für kurze Zeit ausgeliehen worden. Sag an dieser Stelle Danke für diese Leihgabe:

______

______

______

______

______

Worüber ich heute gelächelt habe: ______

Wem schon mal der Fernseher kaputtgegangen ist, kennt das: Man hat plötzlich viel mehr Zeit! Außerdem sitzt man nicht so lange im komatösen Zustand auf der Couch und bekommt weniger plakativ-schockierende Nachrichten eingebläut.
Probiere es zumindest eine Woche lang aus und sieh dir nur an, was du wirklich sehen willst.

Was ich diese Woche wirklich sehen will:

- ____
- ____
- ____
- ____
- ____
- ____
- ____
- ____

Was ist dir in dieser Woche aufgefallen? Was war anders?

Ich habe mehr ____

Ich habe weniger ____

Außerdem ____

Worüber ich heute gelächelt habe: ____

Wolltest du schon mal gerne jemand oder etwas anderes sein?

Ich wollte gerne ________________________________ sein.

Und zwar weil ich glaube, dass der, die oder das viel

________________________________ ist als ich.

Welche Eigenschaft an anderen bringt dich am schnellsten auf die Palme?

____

____

____

____

____

Was möchtest du jemandem mit dieser Eigenschaft sagen?

____

____

____

____

____

Laut einer schamanischen Theorie hast du diesen Satz zu dir selbst gesprochen – es ist ein Rat, den du dir selbst gegeben hast.

Worüber ich heute gelächelt habe: ________________________________

Eine ganz fixe Übung, die dir zeigt, dass das hier wirklich funktioniert: Rufe ein paar positive Gefühle ab und beobachte, wie sich das auf dein Befinden auswirkt.

Schritt 1: Wie fühlst dich jetzt im Moment?

1 ——————————————— 10

(traurig) (froh)

Schritt 2: Ausfüllen

Das letzte Mal, als du sehr glücklich warst:

Das letzte Mal, dass du Tränen gelacht hast:

Das letzte Mal, dass dir vor Rührung die Tränen gekommen sind:

Worüber ich heute gelächelt habe: ____________________

Das letzte Mal, dass dir vor Liebe das Herz aufgegangen ist:

Das letzte Mal, dass du für etwas dankbar warst:

Das letzte Mal, dass du unvermutet großes Glück hattest:

Deine schönste Kindheitserinnerung:

Schritt 3: Wie fühlst dich jetzt im Moment?

1 —————————————————— 10

(traurig) (froh)

Worüber ich heute gelächelt habe: ____________________

Es gibt unheimlich viele kostenlose Online-Kurse von den bekanntesten Universitäten weltweit, wie Stanford, Berkeley, Harvard und Yale. Wenn deine Englischkenntnisse ganz gut sind, such dir einen aus! Das Feld ist weit, von Philosophie über Architektur zu Internationaler Politik und Geographiekursen ist alles dabei: www.openculutre.com/freeonlinecourses Wenn dein Englisch nicht ausreicht: Mach einen Sprachkurs!

Kreuze an, was dich interessiert

- ☐ Archäologie
- ☐ Architektur
- ☐ Kunst und Kunstgeschichte
- ☐ Demographie
- ☐ Mythologie
- ☐ Philosophie
- ☐ das Römische Reich
- ☐ Design
- ☐ Ökonomie
- ☐ Film
- ☐ Ernährung
- ☐ Geographie
- ☐ Geschichte
- ☐ Journalismus
- ☐ Schriftstellerei
- ☐ Sprachen
- ☐ Recht
- ☐ Literatur
- ☐ Linguistik
- ☐ Medien und Kommunikation
- ☐ Musik & Performance
- ☐ Politikwissenschaft
- ☐ Religionen
- ☐ Soziologie
- ☐ Luftfahrt
- ☐ Anthropologie
- ☐ Astronomie
- ☐ Biologie
- ☐ Business
- ☐ Chemie
- ☐ Informatik
- ☐ Roboter
- ☐ Ingenieurwissenschaften
- ☐ Umwelt & Bodenschätze
- ☐ Mathematik
- ☐ Physik
- ☐ Psychologie & Neurowissenschaften
- ☐ Gesundheitswesen

Worüber ich heute gelächelt habe: ______________________________

Wenn es richtig gut läuft mit der Arbeit, wenn die beste Freundin gerade ihr Herz ausschüttet, wenn man sich mit Freunden beim Abendessen köstlich amüsiert oder es gerade romantisch wird: Viel zu oft macht es gerade PING!, wenn es am wenigsten passt: PING!, wenn eine neue Mail eintrudelt (der Newsletter von www.dingsbums.com), PING!, wenn jemand auf Twitter einen Furz gelassen hat und PING!, wenn eine Bekannte deines Bekannten auf Facebook *Gefällt mir* geklickt hat. Davon bekommt man Flusen im Kopf.

Mails und Social-Media-PINGs, die ich aus meinem Leben entfernen kann:

– ______________________________

– ______________________________

– ______________________________

– ______________________________

– ______________________________

– ______________________________

– ______________________________

– ______________________________

(Was nicht heißt, dass man nicht hin und wieder nachgucken kann ...)

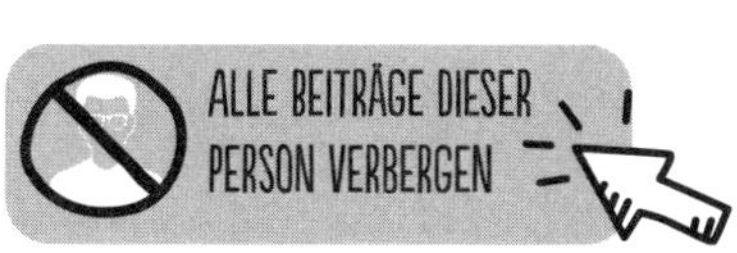

Hast du auch auf Facebook diese eine ehemalige Klassenkameradin, die aussieht wie ein Model und ständig Fotos von ihrem perfekten Leben mit ihrem attraktiven Mann und ihren reizenden Kindern in Los Angeles postet?

Worüber ich heute gelächelt habe: ______________________________

Jede Arbeit nervt hin und wieder: Selbst Astronauten sind manchmal von ihrer Arbeit genervt (das Essen im All, dass immer alle fragen, wie das mit dem Klogang funktioniert etc.) und Superhelden sowieso (die unbequeme Montur, der Erwartungsdruck, kaum Urlaub etc.). Trotzdem gibt es immer Dinge, die man gerne macht.

Das mag ich an meiner Arbeit:

- ______
- ______
- ______
- ______
- ______
- ______
- ______
- ______
- ______
- ______
- ______
- ______

Und noch ein Tipp für die Arbeit: wenn diese an einem Schreibtisch stattfindet: Räume diesen auf, bevor du gehst.

Worüber ich heute gelächelt habe: ______

Diejenigen, die wie ich in einer Welt groß geworden sind, in der sie nie Entbehrungen erfahren und ihre Komfortzone verlassen mussten, haben oft große Angst, Dinge auszuprobieren und Fehler zu machen: Wir sind einfach nicht geübt darin. Aber wir haben die Möglichkeit, uns jeden Tag ein bisschen heldenhaft zu fühlen: Tue etwas, das dir Angst macht!

Vom Zehn-Meter-Brett springen? Bloß nicht! In der Öffentlichkeit laut singen? Grässlich. Einen Fremden um Hilfe bitten? Unangenehm! Dem Friseur sagen: »Machen Sie was Sie wollen«? Oh Gott. Und doch ist man nach jeder erledigten Herausforderung ein paar Zentimeter größer.

Mach eine Liste von Dingen, die dir Angst machen oder die dir schwerfallen. Das können auch kleine Sachen sein, wie z. B. einem Fremden ein Kompliment machen oder eines anzunehmen, ohne es abzuschwächen.

Dinge, die mir wirklich unangenehm sind:

1. ______________________________
2. ______________________________
3. ______________________________
4. ______________________________
5. ______________________________
6. ______________________________

Wenn du eine Anregung gebrauchen kannst, ist das Buch *Do One Thing Every Day That Scares You* von Robie Rogge[1] vielleicht eine gute Inspiration für dich. Hier sind 365 Dinge aufgelistet, an denen du dich abarbeiten kannst.

1 Roge, Robie: *Do One Thing Every Day That Scares You,* Robie Rogge, Potter Style, 2013

Worüber ich heute gelächelt habe: ______________________________

Ängste und Sorgen

Ängste haben wir alle, aber es gibt einen wichtigen Unterschied: Je mehr man sich um Dinge sorgt, die außerhalb des Einflussbereiches liegen, desto machtloser fühlt man sich.
Es bringt niemandem etwas, wenn du dich stetig um das Leid der Welt sorgst. Engagement hingegen schon.

Wenn du nicht umhin kommst, dir Sorgen um das Leben, das Universum und den ganzen Rest zu machen: Begrenze diese Zeit auf sagen wir eine Viertelstunde am Tag.
Wenn du außerhalb dieses Zeitfensters merkst, dass du schon wieder damit anfängst, dich um die Welt zu sorgen: Verschiebe es auf diesen Termin.

Meine beste Zeit zum Sorgen wäre:

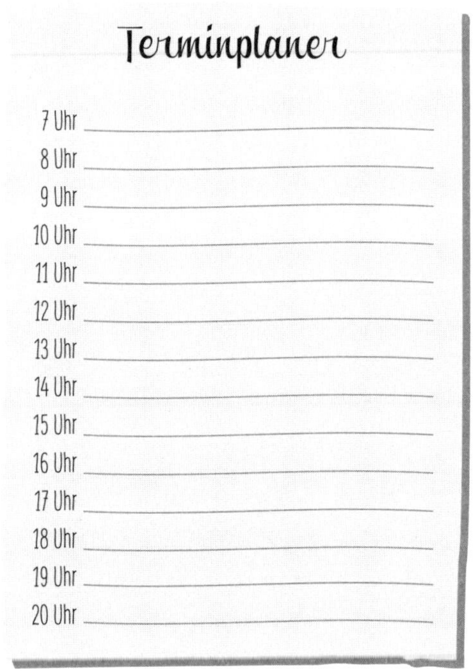

Worüber ich heute gelächelt habe: ______________________________

Wir neigen dazu, die Aktionen anderer auf uns zu beziehen. Ist die Arbeitskollegin unfreundlich zu uns, bringen wir das mit unserer Person in Verbindung, obwohl die Gründe für ihre Unfreundlichkeit vermutlich ganz woanders liegen: Die Kaffeemaschine ist kaputt, ihre Mutter ist ins Krankenhaus gekommen oder der Sex mit ihrem Freund ist einfach grottig.

Das letzte Mal, als jemand unfreundlich/verletzend zu mir war:

____

____

Zehn Gründe, warum er/sie so gewesen sein könnte:

1. ______________________________
2. ______________________________
3. ______________________________
4. ______________________________
5. ______________________________
6. ______________________________
7. ______________________________
8. ______________________________
9. ______________________________
10. ______________________________

Worüber ich heute gelächelt habe: ____________________

Welche Objekte, die du besitzt, machen dich am glücklichsten?

Drapiere die Dinge um dich herum, die dich froh machen und mit denen du gute Erinnerungen verbindest. Welche Erinnerungen sind das?

Worüber ich heute gelächelt habe: ______________________________

Wie wäre es mit einer Glücks-Collage? Einem schönen, alten Bilderrahmen an der Wand, in dem hängt, was dir gefällt: das alte Foto von Oma, Himbeerbonbons, dein Lieblingsgedicht, eine Muschel aus dem tollen Urlaub, eine Zeichnung deiner Kinder und der Notizzettel von deinem Liebsten mit einem Herz darauf.

Dinge, die in meiner Collage kleben könnten:

- ______
- ______
- ______
- ______
- ______
- ______
- ______
- ______
- ______
- ______
- ______
- ______
- ______

Worüber ich heute gelächelt habe: ______

Jeder Mensch nervt hin und wieder: Selbst Gandhi (diese ewige Gutartigkeit) und der Liebste sowieso. Trotzdem haben alle Menschen auch gute Seiten, selbst wenn es sich dabei um eine Inselbegabung handelt, die in einem trüben Meer schwimmt.

Nimm dir die Liste von Seite 11 vor, und zwar mit den Menschen, bei denen du eher erschrecken würdest, wenn sie spontan vorbeikämen: Wenn man nun unbedingt müsste, was für ein Kompliment könnte man ihnen machen?

Person	Kompliment

Worüber ich heute gelächelt habe: ______________________________

Manchmal schleppt man einen Groll so lange mit sich herum, dass man am Ende gar nicht mehr weiß, wo er herkommt. Es ist dann wirklich schwierig, sich an den Auslöser für den Groll zu erinnern. Das Einzige, was man weiß, ist, dass man schon seit Tagen schlecht drauf ist.

Schritt 1: Bist du im Moment schlecht drauf?

☐ Ja ☐ Nein

Schritt 2: Wenn ja, was ist der Grund?

Schritt 3: Überprüfe den Grund. Ist er berechtigt?

☐ Ja ☐ Nein

Schritt 4: Wie man diesen Grund aus der Welt schaffen kann:

Worüber ich heute gelächelt habe: ____________________

Wer die gängigen Kirchenlieder kennt: Singe in einer Kirche irgendeine Hymne mit. Das verleiht Tiefe und Zufriedenheit.

Ich kenne diese Kirchenlieder:

- ____________________
- ____________________
- ____________________
- ____________________
- ____________________
- ____________________
- ____________________
- ____________________
- ____________________
- ____________________
- ____________________

Die nächste Kirche ist:

____

Macht dir das Singen Spaß? Tritt einem Chor bei. Singen in Gemeinschaft macht glücklich.

Worüber ich heute gelächelt habe: ____________________

Es gibt einen Kern in unserem Inneren, der immer geschützt bleibt, dem die Verwundungen, die unserer Seele angetan werden, nichts anhaben können. Egal, was passiert: Diese Kraft wird immer siegen. Das ist Spiritualität. Finde ein Symbol für diesen Teil in dir:

Worüber ich heute gelächelt habe: ______________________________

Wer kreuzunglücklich mit seinem Partner ist oder seinen Job hasst, dem wird auch alle Schreibarbeit nichts helfen. Wie sieht es aus mit der Partnerschaft? Mit dem Job?

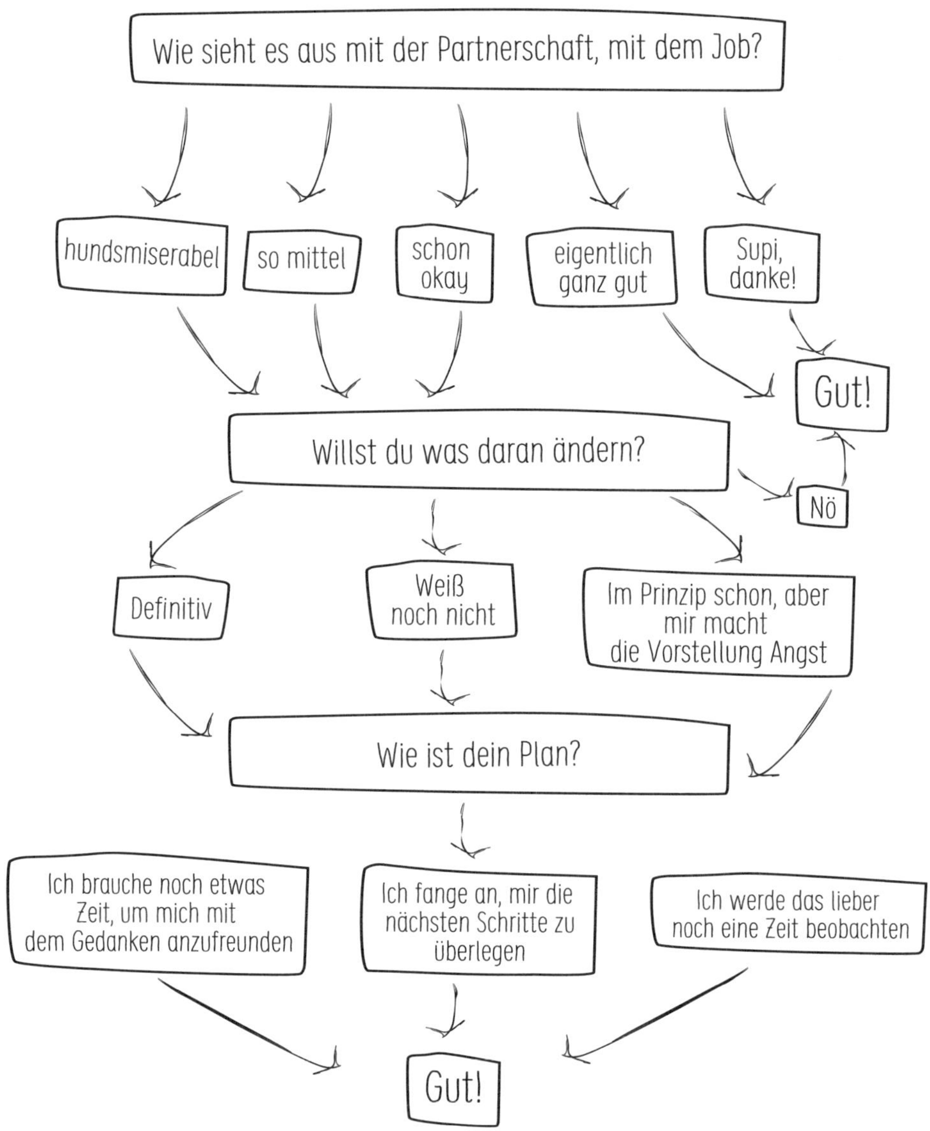

Worüber ich heute gelächelt habe: ______________________________

Such dir einen Moment deines Lebens heraus, in dem etwas Blödes passiert ist. Welche positiven Konsequenzen haben sich daraus ergeben, mit denen du nicht gerechnet hattest?

Kurze Zwischenfrage: Was hat dich gestern glücklich gemacht?

Worüber ich heute gelächelt habe: ______________________________

Hier kannst du aufmalen, was dich am Glücklichsein hindert.

Schreibe hier auf, was der geeignetste Weg wäre, diesen Grund loszuwerden:

Worüber ich heute gelächelt habe: ____________________

Wem könntest du eine kleine Freude machen? Flippt deine kleine Nichte aus, wenn sie ein Hello-Kitty-Dingens bekommt? Hat deine Arbeitskollegin bei der letzten Bürofeier deine selbst gemachten Muffins in den Himmel gelobt? Mach drei Leuten eine Freude, einfach so.

Person 1: ______________________________

und zwar mit: ______________________________

Person 2: ______________________________

und zwar mit: ______________________________

Person 3: ______________________________

und zwar mit: ______________________________

Und jetzt dir selbst, und zwar mit: ______________________

Jeder braucht eine Umarmung ab und zu. Wo könntest du eine herbekommen? Sieh dir zu diesem Zweck vielleicht die Liste der Leute an, denen du eine Freude machen willst/wolltest/gemacht hast!

____

____

____

____

Worüber ich heute gelächelt habe: ______________________

Schwächen sind liebenswert. Eichhörnchen zum Beispiel pflanzen jedes Jahr tausende neue Bäume – weil sie vergessen, wo sie die Nüsse versteckt haben.
Welche Schwächen von dir gehen (gerade noch so) als liebenswerte Eigenarten durch?

Wenn du von etwas überzeugt bist, handle möglichst danach. Bist du zum Beispiel nicht einverstanden mit Massentierhaltung, Tiertransporten, Schlachtung und dergleichen, dann iss kein Fleisch. Versuch es zumindest. Das schafft ein reines Gewissen und tut gut.

Welche Überzeugung gibt es in deinem Leben, nach der du bis jetzt noch nicht lebst?

Was müsstest du ändern, um gemäß dieser Überzeugung zu leben?

Worüber ich heute gelächelt habe: ____________________

Du bestehst aus Calcium,
Chlor, Kalium, Kohlenstoff, Magnesium, Natrium,
Phosphor, Sauerstoff, Schwefel, Stickstoff und Wasser.

Diese Elemente sind durch
das Zusammenfallen von Sternen entstanden.
Die tolle Nachricht:
Du bist Sternenstaub!

Die ebenso tolle Nachricht:
Alle anderen sind auch Sternenstaub!

Worüber ich heute gelächelt habe: ______________________________

Wie lange wohnst du schon in deiner Wohnung? Gibt es etwas, das schon lange gemacht gehört? Muss irgendwo gestrichen werden? Ein Regal festgedübelt, ein Lattenrost ausgetauscht oder eine scheußliche Lampe ersetzt werden?

Was ist es bei dir?

____

____

Wie oft ist es dir schätzungsweise schon aufgefallen, dass du das erledigen solltest?

ca. __________ -mal.

Wie lange würde es ungefähr dauern?

ca. __________ Minuten.

Mach es.

Wenn du kein ausstehendes Projekt hast: Stell die Möbel in deiner Wohnung um. Veränderungen unserer Gewohnheiten fühlen sich kreativ an und heben die Stimmung.

Worüber ich heute gelächelt habe: ____________________________

Gerade heute, ärgere dich nicht.

Wer ist dein/e bester Freund/in?

____

Weiß er/sie das?

☐ Ja

☐ Nein

Wenn Nein: Sag es. Heute noch.
Wenn Ja: Sage es nochmal. Heute noch. Per Mail oder SMS zählt auch.

Such dir drei Leute aus, denen du von deinen größten Wünschen erzählst. Der Partner zählt auch.

1. ______________________________
2. ______________________________
3. ______________________________

Worüber ich heute gelächelt habe: ______________________________

Was ist die wichtigste Erkenntnis, die du bis jetzt in diesem Buch gewonnen hast?

____

____

____

Zu guter Letzt:

Auch wenn dieses Büchlein hier zu Ende geht, hoffe ich, dass dein Glücksprojekt noch lange nicht zu Ende ist. Ich hoffe außerdem, du hast einige gute Anstöße bekommen und nicht bei zu vielen Tipps die Augen verdreht.
Wie du bestimmt gemerkt hast, ist Wiederholung, am besten täglich, eine großartige Sache, wenn man den persönlichen Fokus in Richtung Glück rücken möchte. Mach das, du bist es wert.

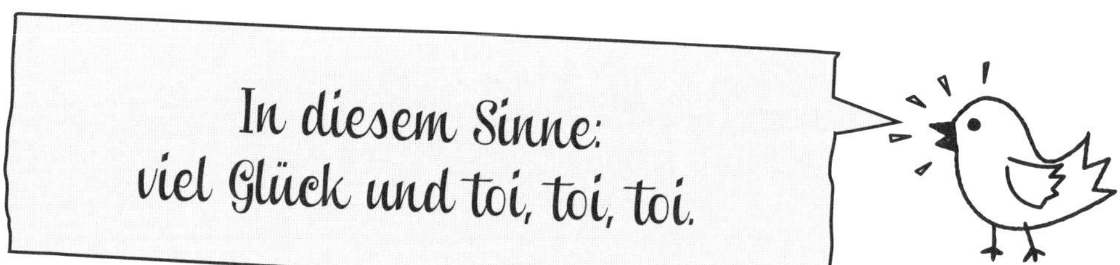

Worüber ich heute gelächelt habe: ______________________________